조민기

꽃미남 중독
역사를 전공하지 않은 역사 작가로 한양대학교에서 문화인류학을 전공했다. 한 시대를 흔들었던 아름다운 인물에 대한 애정을 팬의 마음으로 연재한 칼럼 <꽃미남 중독>이 뜨거운 호응을 받으며 칼럼니스트로 자리매김했고 <외조 - 성공한 여자를 만든 남자의 비결>을 펴내며 작가가 되었다.

역사는 이야기다
잘 알려진 역사의 측면과 이면에 존재하는 숨은 이야기를 찾아서 생생하게 전달하는 역사 스토리텔러이자 역사와 인물에 대한 애정과 관심을 바탕으로 다섯 권의 역사책을 펴낸 베스트셀러 작가이자 강사로 활동하고 있다.

지금까지 펴낸 책
<외조 - 성공한 여자를 만든 남자의 비결> <조선임금잔혹사> <조선의 2인자들> <세계사를 움직인 위대한 여인들> <부처님의 십대제자 - 경전 속 꽃미남 찾기> <그녀는 다시 태어나지 않기로 했다 - 붓다를 만난 여인들> 영화소설 <봄> 창작 그림 동화 <친구를 만나러 왔어요> 육아에세이 <아기부처 엄마보살> 역사 시리즈 <3분 실록> 등

3분만에 읽는 조선왕조실록

국정을 농단한 왕비

조민기 지음

〈3분 실록〉 소개

역사는 흥미롭지만 어렵고 두꺼운 책은 싫은 당신에게 〈3분 실록〉 시리즈를 추천합니다. 실록에 기록된 내용을 바탕으로 유명한 인물부터 잘 알려지지 않은 인물까지 100% 정사로 풀어냈습니다.
출·퇴근길, 등·하굣길에 언제 어디서든 읽기 편한 작은 판형과 얇은 분량으로 알차게 채운 〈3분 실록〉! 이제 간편하게 역사 이야기를 즐겨보세요.

〈3분 실록〉 특징

〈3분 실록〉 시리즈는 책의 등장인물과 사건을 사극의 한 장면을 보는 것처럼 생생하게 각색한 짧은 이야기 '3분 소설'로 시작해 쉽게 몰입할 수 있습니다.
또한 실존 인물인 주인공과 관련된 실록의 내용을 발췌하여 수록한 본문은 야사나 설화가 아닌 정사의 관점으로 역사를 친절하게 안내합니다.

〈3분 실록〉은 계속됩니다.

3분 소설

고종 21년 1884년 10월 18일, 경우궁

초주검이 된 민영익을 본 순간부터 왕비는 제정신이 아니었다. 총칼을 든 일본군들이 공포에 질린 고종과 왕비를 위아래로 훑어보며 비웃듯 침을 뱉더니 웃음을 터트렸다. 보다 못한 내관 유재현이 김옥균을 비롯한 무뢰배들에게 소리쳤다.

"전하께서 계신 곳에서 이게 무슨 망동이란 말이오!"

왁자지껄하던 웃음소리가 잦아든 순간, 일본군 하나가 내관을 마구 구타한 후 칼을 뽑아 들었다.

"죽이지 마라, 죽이지 마라. 죽이지 말란 말이다."

고종이 외마디 비명을 지르며 같은 말을 반복했으나 일본군의 칼은 사정없이 내관의 몸을 갈랐다. 고종은 눈앞에서 시뻘건 피를 뿜으며 쓰러지는 유재현을 차마 보지 못한 채 허공에서 버둥대던 팔을 힘없이 무릎으로 떨궜다. 질끈 감은 눈에서 눈물이 흘렀다. 김옥균은 고종에게 정강이 적힌 문서를 전했다. 고종은 떨리는

손으로 종이를 펼쳤다.

첫째, 대원군을 즉각 환국케 하고 청나라에 대한 사대, 조공 허례를 폐지할 것.

"하!"
정강의 첫 조항을 본 왕비는 핏발이 선 눈으로 김옥균을 노려보았다. 들숨과 날숨마다 공포와 치욕이 울컥울컥 솟구쳤다.
'이 위기를 벗어나기만 하면 모두 가만두지 않겠다. 네놈들 하나하나의 사지 육신을 모두 조각낼 것이다. 반드시. 오늘의 일에 대한 책임을 목숨으로 물을 것이다.'
영원히 지나지 않을 것 같은 밤이 지나

고 아침이 왔다.

"미안하오. 내가 무능하여 그대에게 또 이런 고초를 겪게 하는구려."

고종이 왕비를 보며 작은 목소리로 말했다.

"마음을 굳건히 하소서. 전하 곁에는 제가 있습니다."

왕비는 오히려 미소를 지으며 고종을 위로했다. 왕비의 말에 마음이 놓인 고종은 왕비의 가녀린 어깨에 머리를 기댔다. 곧이어 조반상을 들고 들어온 상궁의 눈짓에 왕비는 조심스럽게 상 아래를 더듬거렸다. 과연 손가락보다 짧은 종이가 붙어있었다.

'영익 치료 중. 궁을 옮길 것. 청나라에

순응할 것…'

내용을 확인한 왕비는 숨을 삼키며 종이를 국그릇에 넣었다. 청나라 군대가 제때 오기만 한다면 오늘 중으로 저들은 모두 역도가 될 것이었다. 하지만 그전에 찢어 죽여도 시원치 않을 역도들을 속여 경우궁을 나가야 했다. 상궁이 조반상을 내가자 왕비는 김옥균을 불러 담담하게 말했다.

"어제 경이 준 정강은 전하와 함께 잘 살펴보았소. 하나하나 우국충정이 담겨 있더군. 경도 알다시피 전하도 나도 늘 개혁을 바라왔소. 정강을 반포하려면 먼저 전하의 교지가 있어야 하는데… 경우궁에서 교지가 반포되면 아무래도 위엄이 서지 않을 것이오. 게다가 경우궁은 대책을 논하기에 너무 좁고 불편하니 창덕궁으로 가야겠소."

부드러운 표정으로 조목조목 말하는 왕비를 보며 김옥균은 기이하게 소름이 돋았다. 그날, 고종과 왕비는 기어코 창덕궁으로 돌아갔고 불과 몇 시간 후 청나라 대군이 한양에 들어왔다. 청나라의 대군이 입성했다는 소식을 듣자마자 일본군은 철수했다. 순식간에 모든 계획이 물거품이 된 김옥균은 목숨을 건지기 위해 일본으로 망명했다. 만고의 역적으로 끝나버린 개화파의 삼일천하, 갑신정변이었다.

흥선대원군과
명성황후

종친이자 정치가였던 흥선대원군에 대한 평가는 비교적 좋은 편이다. 그의 가족이 훗날 친일을 선택했거나 애국을 선택했거나 상관하지 않고 대중들은 흥선대원군 자체만을 바라보며 평가한다. 흥선대원군에 대해 잘 알지 못한다 해도 '격동의 시대를 대표하는, 어쨌거나 대단했던 분'으로 존경하고 찬탄

하기도 하고 부러워하기도 한다. 반면 홍선대원군과 동시대를 살았던 명성황후에 대한 평가는 극과 극을 달린다. '조선의 멸망을 재촉한 사악한 왕비'라는 평가가 있는가 하면 '조선의 자립을 꾀하기 위해 서구 열강을 상대로 외교를 펼치다가 일본의 손에 시해된 비운의 왕비'라는 평가도 있다.

 홍선대원군과 명성황후는 권력을 추구하고 권력을 사랑했다는 점에서 닮았다. 어쩌면 두 사람은 서로를 가장 잘 이해할 수 있는 유일한 상대였을지도 모른다. 홍선대원군과 명성황후는 동지가 될 수도 있었을 것이다. 하지만 두 사람은 어렵게 손에 넣은 권력을 나누고 싶지 않았다.

누구보다 영민했고 시대와 권력의 흐름에 민감했던 두 사람은 결국 강력한 경쟁자가 될 수밖에 없었다. 흥선대원군과 명성황후의 처절했던 권력 다툼은 한심하면서도 안타깝고, 욕되면서도 영광스러웠던 조선의 마지막 모습을 보여준다. 이 과정에서 보이지 않게 가장 중요한 역할을 한 인물은 고종이다. 두 사람이 그토록 갈구한 권력을 줄 수 있는 사람은 오직 고종뿐이었기 때문이다.

명문가의 고명딸

명성황후는 노론 명문가인 여흥 민씨 가문에서 태어났다. 노론 강경파였던 명성황후의 선조들은 숙종과 경종, 영조 시대에 정계를 주도했으나 정조가 즉위한 후 벼슬길이 막혔다. 이에 본가인 여주에 종가를 마련하여 낙향했다. 다행히 제23대 순조 때부터는 벼슬길이 다시 열려 명성황후의 할아버지 민기현은 대사간, 도승지 등의 벼슬을 역임했고 충청감사와 개성유수 등 외직에도 나아갔다. 민기현은 한양에 머물 때 인현왕후가 자란 곳이자 그녀가 폐출되었을 때 머물렀던 안국동 집에서 지냈다. 인현왕후가 머물렀던 안국동 집 대청에는 영조 임금이 직접 쓴 '감고당感古堂'이라는 현판이 걸려 있었다. 그래서 훗날 이 집은 '감고당'이라 불리게 되었다.

정조23년1799년에 태어난 명성황후의 아버지 민치록은 민유중의 5대손이었으나 가문의 배경을 제외하면 지극히 평범한 인물이었다. 그는 순조14년1814년, 한 살 연상의 해주 오씨와 혼인하였는데 장인 오희상은 안동 김씨 가문의 산림 김원행의 학풍을 계승한 존경받는 학자였다. 덕분에 순조26년1826년, 민치록은 음서로 장릉[1]참봉이 되었고 그 후 과천 현감, 임피 현령 등 주로 외직을 돌았다. 비록 오씨 부인에게서 아들을 얻지 못했고, 하나 낳은 딸도 일찍 세상을 떠났으나 민치록에게 처가는 든든한 울타리였다. 하지만

---

1) 제16대 인조와 왕비 인열왕후 한씨의 능.

순조33년1833년, 오씨 부인은 36살의 젊은 나이로 세상을 떠났다.

　살림을 돌볼 안사람과 가문을 계승할 후계자가 필요했던 민치록은 스무 살도 되지 않은 이씨를 두 번째 아내로 맞았다. 민치록의 어린 아내는 연달아 두 딸과 아들을 낳았으나 안타깝게도 세 아이 모두 일찍 세상을 떠났다. 그러던 중 철종2년1851년 9월 25일, 막내딸이 태어났다. 민치록의 나이 오십이 넘어서 얻은 귀한 늦둥이였다. 어렵사리 딸을 얻은 민치록은 아들을 낳는 것 대신 민치구의 둘째 아들인 민승호를 양자로 들였다. 당시 민승호는 이미 장성한 나이였고 누나는 종친인 흥선군의 부인이었다. 민승호는 자신의 외조카가 훗날 고종이 되고, 양 여동생이 왕비가 될 것을 이때는 알지 못했을 것이다.

철종8년1857년, 59살의 민치록은 영천군수에 임명되었다. 딸도 있고 대를 이을 양자도 들인 그는 편안한 마음으로 벼슬길에 올랐으나 부임한 지 얼마 지나지 않아 병을 얻어 다시 여주로 돌아왔고 철종9년1858년 세상을 떠났다. 이때 명성황후의 나이 9살, 민승호의 나이 29살이었다.

한양에서의 새로운 삶

명성황후는 어머니와 함께 여주에서 아버지의 삼년상을 치

른 후 한양으로 올라왔다. 민치록의 양자 민승호는 철종12년 1861년 민유중의 봉사손[2] 자격으로 관직에 올랐으니 양어머니 이 씨와 여동생 민 씨를 부양할만했다. 여주에서 한양으로 거처를 옮긴 명성황후는 민승호의 매형이자 12촌 언니의 형부인 흥선대원군을 처음 만났다. 이 무렵 흥선군은 차남 이재황을 왕위에 올리기 위해 은밀하게 대비 신정왕후를 만나 물밑 작업에 한창이었다.

명성황후가 한양에 올라온 지 3년째 되던 1863년 12월, 철종이 승하했다. 대비 신정왕후는 흥선군의 차남 이재황을 남

---

[2] 조상의 제사를 맡아 받드는 자손.

편 효명세자의 양자로 삼아 왕위에 올렸다. 1864년 1월, 이제 막 13살이 된 고종은 조선의 제26대 임금이 되었고, 흥선군은 흥선대원군으로 승격되었으며 부인 민씨도 여흥 부대부인으로 승격되었다. 살아있는 몸으로 임금의 아버지가 된 흥선대원군의 지위와 권세는 순식간에 달라졌다. 영특함과 총명함이 남달랐던 명성황후는 흥선대원군의 변화를 가까이서 지켜보며 권력을 꿈꾸기 시작했다.

왕비의
자리에 앉다

고종이 왕위에 오른 1864년 1월, 명성황후는 친정어머니 이씨와 양 오라비 민승호와 함께 안국동 저택 '감고당'으로 들어갔다. 그동안 감고당 세를 들어 살던 심의택은 마음대로 저택을 개조하여 하인들의 거처로 삼았다는 이유로 하루아침에 유배되었으니 이는 곧 흥선대원군의 힘이었다.

전해지는 이야기에 따르면 명성황후가 감고당으로 이사한 후 인현왕후가 꿈에 나타나 그녀가 왕비가 될 것을 예언했다고 한다. 고종의 〈행록〉에 따르면 명성황후의 꿈에 등장한 인현왕후는 그녀에게 옥으로 만든 구슬을 주며 이렇게 말했다고 한다.

"너는 마땅히 나의 자리에 앉을 것이다. 너에게 복된 아들을 주리니, 우리나라 억

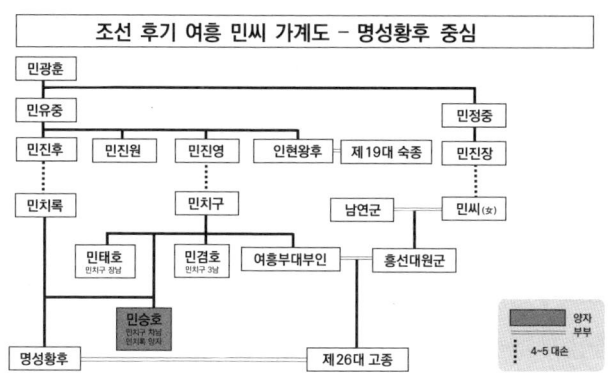

만년의 무궁한 복을 편안케 하리라."

인현왕후는 명성황후의 친정어머니 이씨의 꿈에도 등장해 이렇게 말했다고 한다.

"이 아이를 잘 가르쳐야 한다. 나는 종묘사직을 위해 크게 기대한다."

인현왕후는 숙종의 두 번째 왕비이자

명성황후의 선조이며 감고당의 본래 주인이 아니던가. 꿈에서 인현왕후를 만난 명성황후는 본격적으로 왕비를 꿈꾸기 시작했다. 인현왕후의 예언은 절반은 맞고 절반은 틀렸다. 명성황후는 왕비가 되었으나 우리나라 억만년의 무궁한 복을 편안케 하지는 못했다.

명성황후가 왕비를 꿈꾸는 동안 철종의 삼년상이 끝났다. 고종3년 1866년 2월, 고종이 15살이 되자 대비 신정왕후는 수렴청정을 거두었고 왕비 간택이 시작되었다. <매천야록>에 따르면 흥선군은 고종이 왕위에 오르기 전, 안동 김씨 가문의 젊은 수장 김병학과 비밀리에 만나 장차 그의 딸을 왕비로 삼겠다는 약속을 했다고 한다. 외척의 지위를 유지할 수 있게 해준다는 흥선군의 제안 덕분에 안동 김씨 가문은 고종의 즉위를 반대하지 않았다는 것이다. 고종은 자신의 즉위에 이렇게 복잡한 사연이 있다는 것을 알지 못했다. 알 필요도 없었고, 알려 준 사람도 없었다. 왕위는 고종의 것이었으나 왕권은 아버지 흥선대원군의 것이었기 때문이다.

고종3년 1866년 2월 25일, 초간택에서 여흥 민씨 가문의 민치록의 딸, 안동 김씨 가문 김우근의 딸, 풍양 조씨 가문 조면호의 딸 등이 뽑혔다. 초간택에서 안동 김씨 가문과 풍양 조씨 가문의 체면을 세워 준 흥선대원군은 2월 29일 진행된 재간택에서 민치록의 딸을 왕비로 확정했다. 3

월 6일 최종 간택이 진행된 날, 민치록은 영의정에 추증되었고 그가 애지중지했던 늦둥이 막내딸은 고종의 왕비로 결정되었다. 같은 날 명성황후는 감고당에서 시댁 운현궁으로 거처를 옮겼다. 혼례를 치르기 전까지 왕실의 예법과 규율을 배우기 위해서였으니 이 역시 흥선대원군의 뜻이었다.

3월 9일 경복궁 인정전에서 납채[3]를 하고, 3월 20일 같은 장소에서 책비[4]를 행했다. 경복궁 인정전에서 왕비의 납채례와 책비례를 행한 것은 아주 의미심장했

---

3) 남자 집에서 혼인을 하고자 예를 갖추어 청하면 여자 집에서 이를 받아들이는 것을 말한다.
4) 비빈(妃嬪)으로 책봉하던 일

다. 흥선대원군은 임진왜란 이후 방치되다시피 했던 경복궁 재건에 힘을 쏟고 있었다. 경복궁 재건은 단순히 궁을 보수하는 것이 아니라 무너진 조선 왕실의 위엄을 다시 세운다는 의미도 있었다. 명성황후는 거의 300년 만에 경복궁에서 납채례와 책비례를 행한 왕비였다.

3월 21일, 명성황후는 운현궁에서 고종과 성대한 가례를 올렸다. 운현궁에서 치러진 왕의 가례는 곧 흥선대원군의 권력을 보여주는 자리이기도 했다. 가례를 마친 고종과 명성황후는 가마를 타고 창덕궁으로 가서 첫날밤을 보냈고 다음 날 경복궁 인정전에서 신하의 축하를 받으며 부부가 되었다.

외로운
신혼의 나날

　민씨를 왕비로 맞을 당시 15살의 고종은 9살 연상의 궁녀 이씨에게 푹 빠져있었다. 그는 이씨에게 순정을 지키겠다며 왕비를 냉대하며 멀리했는데 시어머니 신정왕후와 시숙모 철인왕후, 그리고 흥선대원군 부부 모두 이를 알았으나 방관했다. 16살의 왕비 민씨는 23살에 과부가 된 신정왕후와 27살에 과부가 된 철인왕후 앞에서 감히 어리광이나 투정을 부릴 수 없었다.

　왕비 민씨가 외로운 나날을 보내던 고종 5년1868년 윤4월, 창덕궁에서 사내아이의 울음소리가 우렁차게 울려 퍼졌다. 궁녀 이씨가 고종의 첫아들을 낳은 것이다. 이씨는 종4품 숙원에 봉해졌고 오랜만에 손자를 안아본 대비들의 기쁨에 궁에는 날마다 웃음꽃이 피어났다. 고종은 이씨 소생의 아들이 너무나 사랑스러운 나머지 원자로 삼고자 했다. 후궁의 아들이어도 원자로 봉해지면 왕위를 계승할 가능성이 컸다. 제20대 경종 임금도 어머니 희빈 장씨가 후궁 시절 원자로 책봉되었고, 후에 세자가 되어 왕위에 오르지 않았던가. 왕자의 탄생으로 왕실은 떠들썩했으나 누구에게도 사랑받지 못한 왕비 민씨는 초라함과 무력감을 느꼈다. 그렇다고 친정에 의지하고 기댈 수도 없었다.

민승호는 고종이 즉위한 후 서른을 훌

쩍 넘긴 나이에 문과에 급제하여 홍문관 교리에 임명되어 곧 당상관5)에 올랐고 민씨가 왕비가 된 후에는 정3품 이조참의로 임명되었으며 이듬해 호조참판으로 승진했다. 민승호의 동생 민겸호는 고종2년 1865년 음서로 관직에 올랐고 고종3년1866

---

5) 조선시대 조의를 행할 때 당상에 있는 교의에 앉을 수 있는 관계 또는 그 관원. 문신은 정3품 통정대부, 무신은 정3품 절충장군 이상의 품계를 가진 자로 문관에는 정승과 판서, 좌·우참찬, 한성부 판윤, 팔도관찰사, 사헌부 대사헌과 사간원 대사간 및 홍문관의 대제학과 부제학, 성균관 대사성, 승정원의 승지 등이 포함된다. 입는 옷이나 이용하는 가마 등에서 당하관과 뚜렷한 차이가 있었고 여러 특권이 많았다. 당상관은 순조, 헌종, 철종 등 외척 세도 정치 기간에 남발되어 그때 실록의 인사기록에 등장하는 문반 당상관직 역임자의 규모는 무려 740여 명에 달한다.

년 무려 알성시 장원으로 과거에 급제하여 홍문관 부수찬에 임명되었다. 하지만 민씨 가문의 영광은 왕비 덕분이 아니라 흥선대원군의 입김 덕분이었다.

고종의 마음을 얻다

숙원 이씨는 곧바로 다시 임신하여 딸을 낳았다. 이씨에 대한 고종의 관심이 시들해진 것은 이즈음이었다. 고종은 조용히 곁에 지켜온 왕비의 존재감을 새삼 확인하였고 고종7년1870년 5월, 왕비 민씨는 첫 회임을 했다. 하지만 반드시 왕자를 낳아야 한다는 압박감이 너무 컸기 때문이었을까. 만삭을 앞둔 12

월, 그만 유산하고 말았다. 안타깝고 슬픈 일이었으나 유산의 아픔을 위로하며 부부의 애정은 한층 단단해졌다.

왕비 민씨는 곧바로 다시 임신하여 고종8년1871년 11월, 마침내 첫아들을 낳았다. 하지만 태어난 왕자는 항문이 막혀있었고 세상에 나온 지 나흘 만에 눈을 감았다. 유산에 이어 아들을 잃는 슬픔을 함께 나누며 고종의 왕비 사랑은 더욱 깊어졌다. 몸조리가 끝나자마자 왕비 민씨는 다시 회임하여 고종10년1873년 2월, 공주를 낳았다. 왕비 민씨가 임신과 출산을 거듭하는 사이 숙원 이씨는 고종의 총애를 완전히 잃었다.

고종10년1873년 봄, 왕비 민씨는 꿈을

꾸었다. 하늘이 열리고 오색구름이 영롱하더니 '만년토록 태평하리라'는 글이 보였다. 태몽이 분명했다. 그로부터 얼마 후 왕비가 회임하자 고종은 마침내 왕으로서 첫 행보를 시작할 용기를 얻었다. 재위 10년 동안 고종은 한 번도 아버지 흥선대원군에게 맞서지 않았다. '불효'라는 커다란 산을 넘을 용기도 없었고 왕권을 되찾을 지략도 없었기 때문이다. 하지만 이제 고종의 곁에는 총명한 책사이자 아내인 왕비가 있었다.

흥선대원군의 실각

고종은 대원군의 개혁

중 서원철폐에 반대했던 이항로, 기정진, 최익현 등에게 친정의 뜻을 슬며시 보였다. 처음에는 대원군의 눈을 피해 은밀하게 뜻을 전했으나 생후 8개월 된 공주가 세상을 떠나면서 고종은 마음을 단호하게 먹고 내각 변화를 준비했다. 10월 25일, 동부승지 최익현이 상소를 올렸다.

"최근 몇 년간의 일들을 보면 정치는 옛 법을 함부로 고치고 인사는 나약한 사람만을 임명하고 있습니다. 대신과 육경들은 아무 의견도 아뢰지 않고, 대간과 시종들은 딴청만 피우고 있습니다. (중략) 떳떳한 윤리와 의리는 파괴되고 관리들의 기강은 무너지고 있습니다. 나라를 위해 일하는 사람은 괴벽스럽다 하고, 개인을 섬기는 사람은 처신을 잘한다 하고 있습니다. 아첨하는 사람은 뜻을 펼치는 반면 정직한 관리들은 숨어버렸습니다. (중략) 염치없는 사람은 버젓이 기를 펴지만 지조 있는 사람은 맥없이 죽음의 고비에 놓이게 됩니다. 이 결과 하늘에서는 재변이 나타나고...(중략)"

고종실록 10권
고종 10년 10월 25일

상소를 본 고종은 곧바로 최익현을 호

조참판으로 승진시켰다. 이름만 언급하지 않았을 뿐 상소에서 강력하게 비난한 대상은 흥선대원군이 분명했기에 그 파장은 실로 엄청났다. 먼저 좌의정과 우의정이 이런 상소가 올라온 것에 대해 책임을 지겠다며 사직을 청했고 사간원, 사헌부, 홍문관 등 삼사와 승정원까지 합세하여 자책하며 스스로를 탄핵했다. 이는 권력의 실세인 흥선대원군의 눈치를 살피고 충성을 증명하는 것이었다. 성균관 유생들까지 최익현의 상소가 인륜을 무너뜨렸다며 충성 증명에 동참하고자 공무를 중단했다.

평소라면 고종은 당연히 한발 물러나 반성하는 모습을 보였을 것이다. 하지만 이번에는 달랐다. 고종은 사직을 청하고, 탄핵을 자처하며 공무를 중단한 이들을 일시에 모두 파직했다. 그러자 사헌부 장령 홍시형이 조심스럽게 최익현을 지지하는 상소를 올렸다. 고종은 홍시형을 홍문관 부수찬에 제수하며 칭찬을 아끼지 않았다. 권력을 빼앗길 수 있다는 상상조차 하지 못했던 흥선대원군은 아들의 갑작스러운 변화에 당황했다. 하지만 왕비 민씨는 조용히 미소를 지으며 우유부단한 성격의 고종이 불안해할 때마다 남편을 격려했다. 아내의 응원을 받을 때마다 고종은 처음으로 왕 노릇을 해낸 것처럼 뿌듯함을 느꼈다.

고종이 왕위에 오른 뒤 10년 동안, 절대

적 권력을 행사해왔던 홍선대원군은 아들과 대화가 필요하다는 것을 알았으나 이미 때는 늦어버렸다. 고종10년1873년 11월, 고종은 말 한마디 없이 운현궁과 경복궁을 오가는 대원군 전용 출입문인 경복궁 후문을 굳게 닫아걸었다. 이제 대원군은 경복궁에 가려면 고종의 부름을 받아야 했고 정문을 통해 확인을 거친 후에야 입궁할 수 있었다. 고종과 홍선대원군의 사이는 굳게 닫힌 경복궁 후문처럼 완전히 닫혀버렸다.

행복한 나날들

11월, 최익현이 홍선

대원군의 명으로 철폐되었던 서원의 복구를 주장하는 상소문을 다시 올리자 고종은 태도를 바꿔 '최익현의 상소에 나를 핍박하는 말이 있다'며 그를 제주도에 유배했다. 겉으로는 대원군으로부터 최익현을 보호하려는 조치였으나 고종은 처음부터 그를 중용할 생각이 아니었다. 최익현의 상소를 통해 대원군 실각을 이끈 것으로 충분했다. 무엇보다 최익현은 고종의 어심을 파악하지 못했다. 수시로 흔들리는 고종의 어심을 정확하게 아는 사람은 왕비뿐이었다.

  고종은 수원 유수로 재직 중이던 왕비 민씨의 오빠 민승호를 이조참판으로 발탁했고 이어서 고종은 오랫동안 경연관으로 재직하며 스승 역할을 해준 박규수를 우의정으로 임명했다. 쇄국을 주장하던 대원군과 달리 박규수는 개화를 주장하는 소수의 인물 중 하나였다. 이처럼 고종이 인사 개편을 통해 새로운 정국을 구상하고 있던 12월, 갑작스러운 화재로 인해 경복궁에 있던 신정왕후의 처소 자경전과 인근 전각이 소실되었다. 경복궁 화재 이후 흥선대원군은 경기도 양주로 내려갔고, 고종과 왕비 민씨는 미련 없이 경복궁에서 나와 창덕궁으로 이어했다.

고종11년1874년 2월 8일, 태몽부터 남달랐던 하늘이 약속한 귀한 아들순종황제이 창덕궁에서 태어났다. 왕자는 건강했고 고종과 왕비는 기쁨을 만끽하며 창덕궁에서 밤늦도록 연회를 즐기는 일이 많았다. 20대 초반의 젊은 부부인 고종과 왕비는 자정을 넘긴 시간까지 여흥을 즐겼고, 이를 위해 특별한 절차 없이 수시로 입궐이 가능한 '별입시'라는 직책을 만들었다. 이 별입시를 통해 고종과 왕비 민씨는 청년들과 만나 많은 대화를 나누었다. 훗날 일제에 국권을 빼앗긴 후에도 끝까지 고종의 편에서 활약한 이용익, 이범진, 김가진, 정병하, 한규설 등이 이때 창덕궁을 드나들던 별입시 출신들이다.

민승호 일가의 비극

고종과 왕비는 젊은

인재들과 자주 어울리는 한편 대원군 세력을 약화하는 작업도 계속했다. <매천야록>에 따르면 이조참의로 임명되어 인사권을 손에 넣은 민승호는 대원군의 사람들을 모조리 파직했다고 한다. 덕분에 고종과 왕비 민씨는 빠른 속도로 중앙과 지방에 대원군의 사람들이 있던 자리를 자신들에게 충성하는 이들로 채울 수 있었다. 인사권을 손에 넣은 민승호는 고종과 왕비의 신임을 받으며 승승장구했다.

민승호를 예의 주시하던 대원군은 고종11년1874년 10월, 부사과[6] 이휘림을 통

---
6) 조선시대 오위(五衛-훈련도감, 어영청, 총융청, 수어청, 금위영을 총칭하는 다섯 군영)에 둔 종6품 무관직.

해 효심을 강조하며 대원군을 다시 모셔와야 한다는 상소를 올렸다. 이를 본 고종은 문장은 고약하며 내용은 억지이고 방자하다며 이휘림을 평안도에 유배했다. 왕비 민씨가 있는 한 고종이 자신을 다시는 부르지 않을 확인한 흥선대원군은 강경한 방법으로 민승호와 왕비 민씨에게 경고를 보냈다. 이휘림의 유배된 지 한 달쯤 지난 11월 28일 저녁, 민승호의 집에 상자 하나가 배달되었다. 어린 아들과 어머니_{명성황후의 어머니인 해평 부부인 이씨}와 함께 저녁을 먹던 민승호가 상자를 푼 순간, 엄청난 폭발음과 함께 폭탄이 터졌고 세 사람은 그 자리에서 사망했다. 폭탄 테러의 배후가 누구인지는 끝내 밝

혀지지 않았으나 고종과 왕비는 흥선대원군이 배후에 있음을 확신했다. 민승호를 잘 알고 있으며 민승호를 통해 감히 왕과 왕비를 압박할 수 있는 사람이 흥선대원군이 아니면 누가 있단 말인가.

 고종은 민승호에게 '충정忠正'이라는 시호를 내려 그를 애도했으나 왕비에게는 위로가 되지 않았다. 이 사건 이후 왕비 민씨는 변했다. 그녀는 밤에 잠을 이루지 못했고 새벽이 지나서야 잠자리에 들곤 했다. 고종은 왕비의 바뀐 습관에 맞춰 밤낮을 바꿔서 생활했다. 부부는 흥선대원군이라는, 공동의 적을 미워하며 유대감이 더욱 깊어졌다. 고종은 불안해하는 왕비를 달래는 일에 성심을 아끼지 않앉고 왕비의 평안을 위해 최선을 다했다.

세자 책봉과 왕자의 죽음

고종12년^{1875년} 2월, 고종은 돌이 지나지 않은 원자를 세자로 책봉했다. 만삭의 몸으로 경사를 맞은 왕비는 세자 책봉 축하비로 100만 원[7]을 썼다. 세자 책봉으로부터 얼마 후 왕비는 왕자를 낳았으나 왕자는 태어난 지 10여 일 만에 세상을 떠났다. 유산을 포함하여

---

7) 1882년 제물포조약 당시 일본이 요구한 배상금이 55만 원, 1884년 한성조약 당시 일본이 요구한 배상금이 12만 원이었다. 1875년 100만 원은 이를 훨씬 웃도는 금액이다.

세 번이나 왕자를 잃은 왕비는 세자의 건강에 집착하기 시작했고, 굿판을 벌이며 지푸라기라도 잡는 심정으로 무속에 빠져들었다. 고종과 자신 사이에서 낳은 4남 1녀 중 살아남은 자식은 단 한 명, 세자뿐이었기 때문이다.

고종과 왕비가 사적으로 사용하는 돈은 기본적으로 왕실의 재산인 내탕금에서 충당했다. 하지만 고종은 결코 뇌물을 마다하는 임금이 아니었다. 고종과 왕비는 권력만큼이나 돈을 좋아했고, 권력이 있어야 돈을 손에 넣을 수 있다는 것을 잘 알았다. 고종은 뇌물을 받을 때마다 기뻐했고 금액의 정도를 계산하여 벼슬을 주거나 승진시켰다. 공공연한 비밀이었던 매관매직의 문이 활짝 열린 것이다. 물론 왕비 민씨도 뇌물로 이루어진 인사 발령에 함께했다.

  뇌물로 벼슬을 산 관리들이 권력을 휘두르기 시작하자 조정의 기강은 순식간에 무너졌고, 중앙과 지방의 민심이 요동치기 시작했다. 하지만 왕비에게 중요한 것은 국정이 아니라 세자를 지키는 것과 이를 위해 자신을 지키는 것이었다. 고종 또한 왕비가 보지 않고 듣지 않는 것을 굳이 살피지 않았다. 같은 목표를 가지고 같은 곳을 바라보는 부부는 점점 닮아갔다.

외척의 수장, 민영익

고종과 왕비는 세상을 떠난 민승호의 뒤를 이어 민치록의 제사를 받들고 대를 이을 사람으로 민태호의 아들 민영익을 선택했다. 민태호는 흥선대원군 시절부터 권력에서 소외된, 청렴한 인물로 아버지 민치오가 세상을 떠났을 때 관을 살 돈조차 없어 시신을 짚자리로 말아서 초상을 치러야 할 정도였다. 살림이 곤궁하여 동생 민규호의 집에 얹혀살면서도 민태호는 민치록의 양자가 되어 벼락출세한 민승호와 부귀영화를 쫓는 민겸호 형제를 경멸했다고 한다.

후에 민태호는 민치삼의 양자가 되었

고 민규호는 철종10년1859년 문과에 급제하여 관직에 오른 뒤, 흥선대원군의 쇄국정책을 강하게 비판하며 개화를 주장하기도 했다. 청렴함으로 존경받는 민태호와 흥선대원군의 정책에 반발했던 민규호 형제는 고종과 왕비가 찾던 인재였다. 고종과 왕비의 뜻은 확고했으나 민태호는 아들 민영익이 민승호의 양자가 되는 것을 내키지 않아하며 반대했다. 이에 민규호는 형 민태호를 설득하며 이렇게 말했다.

"천의명성황후의 뜻를 어찌 감히 어기겠습니까? 양자를 보내어 함께 부귀를 누리는 것도 좋지 않겠습니까?"

민태호는 가난한 자신을 부양하며 기

꺼이 집안의 가장 역할을 대신해온 동생 민규호의 설득에 차마 반박할 수 없었다. 민태호의 아들 민영익은 15살의 나이로 민승호의 양자가 되었고 고종과 왕비 민씨의 전폭적인 총애와 지지를 받으며 고종14년1877년 문과에 급제한 후 파격적인 승진을 거듭했다. 민규호 또한 이조판서

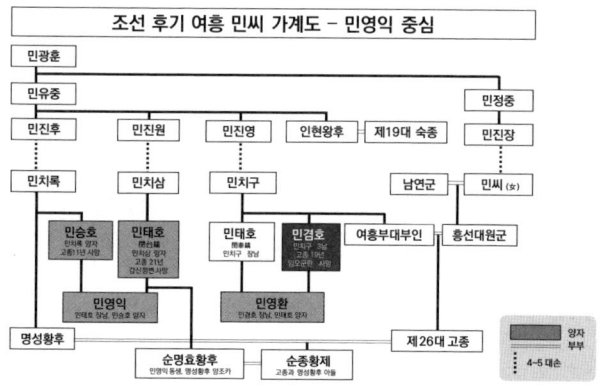

로 승진했으나 고종15년1878년 병으로 세상을 떠났다. 고종19년1882년에는 민태호의 딸이자 민영익의 여동생이 세자빈으로 간택되자 민영익은 겨우 스무 살의 나이로 여흥 민씨 가문의 수장이 되었다.

강제 개화의 시작, 강화도조약

〈매천야록〉에 따르면 민영익은 하루 세 번 입궐했고 집으로 돌아오면 뇌물을 들고 찾아온 손님이 가득했다고 한다. 하지만 부귀영화와 권력이 조금도 아쉽지 않았던 민영익은 뇌물을 주는 사람이 아니라 자신이 원하는 사람들과 어울렸다. 그들이 바로 홍영식,

김옥균 등의 개화파였다.

고종11년1874년 청나라는 고종에게 일본을 막기 위해 미국, 프랑스와 수교할 것을 조언했다. 당시 신하들은 반대했으나 개화를 염두에 두고 있던 고종과 명성황후는 고민 끝에 먼저 오래전 단절된 일본과의 국교를 재개했다. 앞서 고종5년1868년, 일본은 메이지 유신[8]으로 왕정복고를 알리는 사절을 조선에 파견한 적이 있었

---

8) 일본 메이지 천황 때에, 700여 년 내려오던 막부를 무너뜨리고 왕정복고가 이루어져 중앙집권 통일 국가를 이룬 사건. 메이지 정부는 학제·징병령·지조개정(地租改正) 등 일련의 개혁을 추진하고, 부국강병의 기치하에 구미(歐美) 근대국가를 모델로 삼았다. 일본 자본주의 형성의 기점이 된 변혁의 과정이었다.

다. 당시 섭정 중이던 흥선대원군은 일본이 문서에 황제라는 용어를 사용하고, 일방적으로 관직과 호칭 등을 바꿨다는 이유로 사절단을 접견하지 않았고 끝내 국교가 단절되었다.

고종은 다시 일본과 국교 재개를 꾀했으나 결과는 좋지 않았고 고종12년1875년, 운요호 사건이 발생했다. 이에 조선은 일본과 불평등한 수호조약을 체결하게 되는데 이것이 바로 조일수호조규, 즉 강화도조약이다. 강화도조약 체결 당시 조선에서 가장 신경 쓴 부분은 예법이었다. 초안을 본 조선 측이 '대일본국황제폐하'라는 단어의 수정을 요구하자 일본은 이를 기꺼이 받아들였다. 조약을 통해 침략의 발판을 마련하는 것이 우선이었던 일본은 겉으로는 비위를 맞추며 조선의 자존심을 세워주었다. 이러한 일본의 속내를 전혀 파악하지 못한 조선은 강화도조약의 내용이 불평등하다는 것조차 인식하지 못한 채 조약을 체결했다.

〈일본국 변리 대신에게 보낸 의정부議政府 조회照會〉
"의정부는 조회를 보냅니다.
양국이 화목하게 지낸 지 300년이나 됩니다. 사신과 예물이 오가고 정은 형제와 같아 각각 인민들을 편안하게 하여 서로 다툰 적이 없었습니다.

무진년1868 이래 귀국이 혁신한 사정을 살피지 못한 때문에 갖가지 의심의 단서가 있었으며, 귀국에서 여러 번 사신과 서계書契를 보냈으나 선뜻 받아들이지 않아 마침내는 이웃 나라와 우의가 막히는 처지가 되었습니다.

작년 가을에 귀국 기선汽船이 강화도에 왔을 때에도 소동이 있었는데 이번에 귀 대신이 사신으로 경내境內에 이르러 폐국弊國 사절과 서로 만나보고 두터운 뜻을 알게 되면서 종전의 의심이 하루아침에 풀렸으니 어찌 기쁨을 이길 수 있겠습니까?

체결할 조약의 각 조항을 받아보
고 우리 조정에서는 이미 폐국
사절에게 위임하여 모여서 토론
하게 하였습니다.
무진년 이래 양국 사이에 오간
공문들은 다 폐지하여 휴지로 만
들고, 영원토록 친목을 유지하고
함께 양국의 경사를 도모하게 되
었으니 역시 이웃 나라와 좋게
지내려는 우리나라의 선린善隣의
우의를 밝힐 수 있을 것입니다."

〈일본 전권 대신日本全權大臣이 바
친 글〉
우리나라와 귀국은 아세아주 동

양에 있어 강토가 가까이 이웃하고 해안이 맞서 있어 사신과 예물이 오간 지 300년이나 됩니다. 다만 중간에 의견이 맞지 않아 정의情意가 서로 화합하지 못하게 되었지만, 이번에 우리 대신들이 황제의 명령을 받들고 귀국에 와서 귀 대신과 함께 모여 옛날의 우의를 중수하고 새로운 조약을 맺어 양국이 함께 지킬 신위信威를 밝히고 만대를 두고 변하지 않을 전범을 마련하였으니 참으로 국가의 끝없는 복이며, 본 대신들도 영예가 있게 되었습니다.

삼가 귀국의 군왕 및 여러 유사有
司들의 강녕을 축원하며, 아울러
귀 대신들이 진심으로 합심하여
우리 대신들이 사명을 다하게 한
두터운 우의에 감사드립니다.

명치明治 9년 2월 27일

고종실록13권

고종 13년1876년 2월 3일

 강화도조약 체결 두 달 후 고종과 왕비는 일본에 수신사를 파견했다. 순조11년 1811년 조선통신사가 파견된 후 65년 만의 공식 사절이었다. 수신사로 파견된 이들은 일본의 변화에 깜짝 놀랐으나 조선에 돌아온 후 일본의 변화가 대단하지만 이를 따라가기보다는 성현의 가르침을 보전하는 것이 더 중요하다고 주장했다. 하지만 이미 정책의 방향을 개화로 잡은 고종과 왕비는 거침없이 내정 개혁을 시작했다.

살아있는 왕비의 장례식

문호개방 이후 조선을 방문한 일본과 서양의 사절들은 깜짝 놀랐다. 강력한 쇄국으로 굳게 닫혀 있던 조선에 들어가 보니 뜻밖에도 왕과 왕비가 나란히 앉아 사신을 맞이하며 국정을 논하고 있었다. 고종은 왕비의 의견을 존

중했고 그녀의 발언에 귀를 기울였는데 이는 일본은 물론 서양의 사절들에게도 매우 낯선 모습이었다. 이 낯선 모습은 '조선의 임금은 왕비의 꼭두각시'라는 소문이 되어 퍼져나갔다.

고종17년1880년, 제2차 수신사 일행이 귀국하자 고종과 왕비는 곧바로 군사 개혁에 착수했다. 신식 군대가 일본의 발전에 큰 역할을 했다고 판단한 것이다. 고종은 통리기무아문[9]을 설치했고 고종18년1881년 오군영에서 차출한 정예병들을 별기군으로 편성, 서구식 군사훈련을 받

---

9) 고종17년(1880년) 12월 21일 변화하는 국내외 정세에 대응하기 위해 국내외의 군국기무를 총괄하는 업무를 관장하던 정1품 아문 관청.

도록 했다. 하지만 이런 변화는 엄청난 반발을 불러왔다. 최익현은 도끼를 짊어지고 상경하여 개화 반대 상소를 올렸고, 유생들도 한목소리로 개화를 반대했으나 왕비의 의지는 단호했다. 우유부단한 성격의 고종은 흔들림 없는 왕비를 보며 개화를 실행할 수 있었다.

개혁은 끝없이 돈이 들었다. 신식 무기를 갖추고 일본 교관을 초빙하여 훈련하는 등 별기군이 받는 우대 뒤에는 1년 이상 월급을 받지 못한 군인들의 희생이 있었다. 고종19년1882년 6월 초, 호남의 세곡선이 한양에 도착하자 고종과 왕비는 군인들에게 일단 1개월 치 봉급을 쌀로 받을 것을 명했다. 그동안 찬밥 신세였던

오군영 군인들에게 지급될 봉급을 빼돌려온 선혜청 제조 민겸호는 13개월 만에 겨우 받게 된 1개월 치 쌀에도 손을 댔다. 멀쩡한 쌀이 아닌 모래와 겨가 절반 넘게 섞인 쌀을 받은 군인들은 분노했고, 민겸호는 격렬하게 불만을 표출한 주동자를 죄인 취급하며 잡아 가두었다.

 다음 날 아침, 구속된 동료의 석방을 요구하며 민겸호의 집으로 쳐들어간 군인들은 곡식들이 가득 찬 창고를 보자 눈이 뒤집혔다. 순식간에 폭도로 돌변한 군인들은 민겸호를 때려죽이고 그의 집을 부순 뒤 그동안 빼돌리고 수탈한 온갖 산해진미와 곡식, 보물이 가득한 창고에 불을 질렀다. 이 과정에서 점점 흥분한 군인들은 민겸호 못지않은 탐관이었던 홍인군이최응홍선대원군의 친형도 죽였다. 부패한 관리들을 처단하고 정의를 구현했다고 생각한 군인들은 자신들이 홀대받는 것은 눈엣가시 같던 별기군 때문이라고 생각했고 발걸음을 별기군 훈련장으로 돌려 일본 교관을 죽이고 일본공사관에 불을 질렀다.

응축된 분노의 폭발에서 시작된 폭동과 혼란은 여기서 잠시 멈췄다. 너무 큰 사건을 저질렀음을 파악한 군인들은 자신들만의 힘으로는 사건 수습이 불가능하다고 판단했고 운현궁에 있던 대원군을 찾아갔다. 홍선대원군이 집권했던 시절, 오군영 군인들은 박대받지 않았기에 자신들의 상황을 들어줄 만한 권력자를 찾은 것이다. 손 하나 까딱하지 않고 군사를 손에 넣은 흥선대원군은 군인들과 함께 창덕궁으로 향했다. 사기충천한 군인들은 이 모든 사단의 원인이 왕비 때문이라며 대궐에 난입하여, 왕비를 찾아다녔다.

서둘러 궁녀의 옷으로 갈아입은 왕비 민씨는 시어머니 여흥부대부인 민씨의 가마에 몸을 숨겼으나 군인들에게 발각되고 말았다. 이때 무예별감 홍계훈이 군인들의 앞을 막았다. 홍계훈은 오군영 출신이었기에 군인들은 가마에 숨은 궁녀가 그의 여동생이라는 말을 믿었다. 극적으로 대궐에서 빠져나온 왕비는 고향 여주를 거처 충주 장호원으로 피신했다. 초라한 몰골로 피신 중인 왕비를 본 한 노파가 혀를 차며 안타까운 목소리로 말했다.

"중전이 음란하여 난리가 나는 바람에 아가씨가 여기까지 피난하고 고생이구려."

절망의 순간, 왕비 민씨는 처음으로 자신에 대한 백성의 시선을 알게 되었다. 이후 왕비 민씨는 죽는 날까지 절대로 백성의 편에 서지 않았다. 한편 엉망이 되어버린 창덕궁에서 고종과 흥선대원군은 10년 만에 얼굴을 마주했다. 군인들을 선

동하여 왕비를 죽이러 온 흥선대원군에게 고종은 전권을 맡겼다. 군인들이 창덕궁에 난입한 고종19년 6월 10일, 실록에만 무려 17개의 기록이 있으니 얼마나 긴박했으며 서둘렀는지 짐작할 수 있다.

- 난병亂兵들이 범궐犯闕하였다.
- 선혜청 제조 민겸호, 지중추부사전 선혜청 당상 김보현이 난군亂軍에 의하여 살해되었다. 【민겸호와 김보현은 마침 대궐 안에 있었는데 난군이 돌입하여 살해당하였다.】
- 영돈녕부사 이최응이 졸卒하였다. 난군亂軍에 의하여 살해된 것

이다.

－전교하기를, "중궁전명성황후이 오늘 오시午時에 승하昇遐하였다. 거애擧哀하는 절차는 규례대로 마련하고 망곡처는 명정전 뜰로 하라." 하였다. 또 전교하기를, "총호사總護使는 영의정領議政으로 하라." 하였다. 또 전교하기를, "빈전殯殿은 환경전으로 하라." 하였다.

고종실록19권

고종 19년 6월 10일

궁으로 돌아온 흥선대원군은 왕비의 죽음을 선포하고, 장례를 진행했다. 관에는 시신 대신 수의를 넣었고 무덤의 이름 정릉과 시호인성까지 정해졌다. 임오년에 일어난 사건, 임오군란이었다.

왕비의 귀환

왕비 민씨는 피난 중 자신의 장례 소식을 들었다. 앞날이 막막하던 그때, 왕비는 한 여인을 만났다. 자신을 무당이라고 소개한 여인은 숨어지내던 왕비 민씨를 찾아와 조심스럽게 큰절을 올린 뒤 중전마마는 반드시 환궁할 것이라고 예언했다. 자신이 왕비임을 알아보고, 환궁을 예언한 무당의 말은 왕비에게 실낱같은 희망이 되었다.

한편 군인들이 대궐에 난입하여 왕비를 죽이고 고종을 위협했다는 소식을 들은 청나라는 서둘러 군사를 보냈다. 당시 청나라는 서구 열강과 일본에 의해 체면이 땅에 떨어져 있었다. 청나라는 제후국인 조선 임금을 구원하는 것으로 대국의 체면과 위엄을 차리고자 했다. 이는 서구 열강과의 전쟁에서 이기거나 일본과 정면충돌하여 승리하는 것보다 훨씬 간단한 일이었다. 7월 11일, 마건충을 비롯한 청나라 사신단이 250명이 넘는 군사를 거느리고 한양에 도착했다. 한양에 도착한 지 사흘째 되던 13일, 마건충 등은 운현궁으로 갔고 흥선대원군을 천진으로 압송했다.

대원군이 천진天津으로 행차行次하
였다.
【오늘 오후에 대원군이 정여창, 마건충 두 사람이 머물고 있는 둔지미 청淸나라 군영에 가서 답례 방문하고 사의를 표한 다음 병선兵船을 타고 중국으로 떠났다. 황제의 명을 받고 조선의 사변을 처리하는 마건충, 오장경, 정여창, 위윤선의 효유문曉諭文, 타이르는 글의 대략에, (중략) 지난번 이 변고가 황제께 보고되자 황제께서는 장수들에게 명하여 군사를 파견하였다. 먼저 대원군을 중국에 들어오게 하여 일의 진상을 직접 물으시고, 한

편으로 죄인들을 잡은 뒤에는 엄하게 징벌하되, 그 수괴는 처단하고 추종한 자는 석방하여 법을 정확히 준수하도록 하였다. (중략) 본 제독은 황제의 명령을 받고 왔으니, 곧 황제의 지극히 어진 마음을 체득하는 것이 군중의 규율이다. 이것을 믿을 것이다. 특별히 절절하게 타이른다.'라고 하였다.】

고종실록19권
고종 19년 7월 13일

홍선대원군이 조선을 떠난 지 12일째 되던 7월 25일, 왕비가 은신해 있으니 예법에 따라 맞이해야 한다는 상소가 올라왔다. 고종은 허락했고 즉시 왕비의 장례를 담당하던 도감을 철파하고 신하들에게 상복을 벗도록 했다. 고종은 신하들과 절차를 거듭 논의하였고 왕비 민씨의 환궁은 일사천리로 이루어졌다. 이때 왕비 민씨를 호위하기 위해 충주 장호원으로 향한 부대는 관군이 아닌 청나라 군사였다. 8월 1일, 왕비 민씨는 청나라 군사들의 호위를 받으며 창덕궁으로 돌아왔는데, 이때 그녀의 곁에는 환궁을 예언한 무당이 함께 있었다. 왕비가 돌아온 직후 그녀의 피난과 환궁을 도운 많은 이들이 관직에 올랐다. 왕비의 환궁을 기념한 별시도 치러졌다.

한편 조선에서 군인들이 일본인 교관

을 죽이고 일본공사관에 불을 질렀다는 소식을 접한 일본은 이를 조선에 대한 주도권을 확보할 기회로 생각했다. 그러나 청나라가 개입하여 사건을 수습하자 강력한 피해보상을 요구했다. 피해보상에 대한 회담은 제물포항에 정박한 일본 군함 위에서 진행되었다. 일본은 사망한 일본 교관의 장례를 융숭하게 치르고 피해자의 유족과 부상자에게 5만 원을 지급할 것, 매년 10만 원씩 5년 안에 배상금 50만 원을 완납할 것, 대관을 특파하고 국서를 보내 사죄할 것 등을 요구했다. 가해자가 되어버린 조선은 일본의 무리한 요구를 들어줄 수밖에 없었다. 제물포조약이 체결된 것이다. 조약 체결 후 고종과 명성황후는 박영효, 김옥균, 민영익 등 개화파 관리들을 일본에 사죄사로 파견했다.

개화 정책의 후퇴

임오군란 이후 고종과 왕비의 개화 정책은 정체를 맞았다. 개화파는 일본을 본받고, 일본의 도움을 받으며 근대화를 실행하고자 했고 고종과 왕비의 지지를 받고 있었다. 그런데 임오군란 이후 왕비는 환궁을 도와준 청나라에 의존하며 배상을 요구한 일본을 배척하기 시작했다. 고종은 항상 왕비와 한뜻이었기에 결국 왕비의 마음을 돌리지 못하면 개화 정책은 진행할 수 없었다.

고종20년1883년, 개화파의 수장 김옥균은 고종과 왕비가 총애하는 민영익을 보빙사로 추천했다. 미국은 조선이 가장 먼저 수교를 맺은 서구 국가였고 김옥균은 민영익이 미국과 유럽을 순방하며 넓은 세상을 보고 돌아와 근대화에 대한 필요성을 주장하여 왕비의 마음을 돌려서 개화 정책에 활기를 되찾아주기를 기대했다. 하지만 기대와 달리 서구 세계 순방을 마치고 돌아온 민영익은 완고한 보수파로 변해 있었다.

민영익은 선진 문명국이라 불리는 서구 국가들을 돌아보면서 부러움이 아닌 괴리감을 느꼈다. 조선 안에서 막연히 그려왔던 개화의 모습과 근대화에 성공한 서구의 모습은 너무도 달랐다. 민영익은 개화에 성공한 일본을 본받는 대신 전통적인 사대 외교에서 더 큰 가치를 보았고 청나라의 보호를 받는 것에서 의미를 찾았다. 이는 곧 왕비 민씨의 뜻과 같았다. 왕비는 보수로 돌아선 민영익을 더욱 총애했다.

무당 진령군

고종과 왕비를 설득할 수 있는 거의 유일한 인물이었던 민영익의 변화는 개화파에게 큰 충격이었다. 개화파가 갈피를 잡지 못하는 사이 왕비도 국정 운영 방향을 잃었다. 청나라에 의존

한다 해도 흥선대원군의 쇄국을 반복할 수는 없었고, 개화를 강행할 생각도 없었다. 그렇다고 아무것도 안 할 수는 없었다. 왕비 민씨는 국정 운영의 방향을 무속에서 찾았다. 자신의 환궁 날짜까지 맞춘 영험한 무당을 위해 창덕궁 동쪽 성균관에 인접한 곳에 사당을 세워주고 '진실로 영험하다'는 뜻으로 '진령군' 군호를 내렸다.

왕족도 아닌 무당이, 그것도 여성이 군호를 받는 것은 건국 이후 처음이자 마지막이었다. 한번 죽음의 고비를 겪은 왕비 민씨는 의심과 두려움이 많아졌다. 청나라가 태도를 바꿔 흥선대원군이 돌아올까 두려웠고, 일본이 또 무엇을 요구할지 두려웠고, 백성들의 시선과 배신이 두려웠다. 미래가 불확실할수록 왕비는 진령군에게 의지했다. 무당 진령군은 왕비 민씨의 두려움을 풀어주는 유일한 사람이었고 왕비가 듣고 싶은 말을 해주는 사람이었다.

만약 세간에 알려진 것처럼 명성황후가 청나라 군대를 이용해 흥선대원군에게 반격을 가하고 환궁에 성공할 정도의 정치 감각을 지녔다면 무당 진령군의 말에 그토록 집착하지 않았을 것이다. 또한 명성황후가 조선을 위해 청나라를 이용한 것이라면 임오군란 이후 청나라와의 관계에서 이해득실을 따져가며 유리한 고지를 차지했을 것이다. 하지만 명성황후의 의

지와 능력은 환궁하여 왕비의 자리를 되찾는 것까지였다. 임오군란 이후 명성황후는 무당 진령군에게 의존하고, 청나라에 휘둘리며 국정 운영마저 중단했다.

개화파의 배신, 갑신정변

무속에 집착하는 고종과 왕비, 그리고 강력한 보수파가 되어버린 민영익까지. 개화파의 앞날은 캄캄했다. 개화파의 수장 김옥균은 민영익을 설득하고자 했으나 그럴수록 사이가 더 멀어졌다. 김옥균은 일본을 개화의 파트너로 삼고자 했고 민영익은 외세의 균형을 위해 러시아와의 수교를 주장했다. 고종과 왕비의 마음을 돌리기 위해 김옥균은 뭔가 보여주어야 했다.

고종20년1883년, 호조참판 김옥균은 차관을 얻기 위해 일본에 갔다. 김옥균은 자신만만했으나 일본은 시간만 끌고 끝내 차관을 주지 않았다. 고종과 왕비는 빈손으로 귀국한 김옥균을 보며 실망했다. 김옥균은 고종과 독대하고자 했으나 왕비 민씨는 끝까지 동석했다. 고종만이라도 설득하고자 했던 김옥균에게 남은 희망은 개화를 반대하는 세력을 일시에 축출하고 고종과 왕비 민씨를 인질로 삼아 정권을 뒤집는 쿠데타뿐이었다.

고종21년1884년, 개화파의 쿠데타 결행 날짜가 결정되었다. 거사 실행일은 우정국이 개국하는 10월 17일, 장소는 이를 축하하는 연회장이었다. 이날 연회에 참석한 이들은 청나라에서 추천한 독일 출신 외교 고문 묄렌도르프[10]를 비롯하여 청나라, 미국, 영국, 일본 공사 등이었는데 김옥균은 은밀하게 일본과 손잡고 거사 계획을 공유하고 있었고 자객도 섭외했다. 밤 10시, 우정국 북쪽 민가에서 폭탄이 터졌다. 원래대로라면 창덕궁 옆 별

---

10) 한국 이름은 목인덕(穆麟德)이다. 청나라 주재 독일영사관에서 근무하던 중 고종19년(1882년) 이홍장의 추천으로 조선의 통리아문에서 근무하며 외교와 세관업무를 맡았다. 갑신정변 때는 김옥균의 개화파에 반대했으며 같은 해 러시아 공사 베베르와 협조, 조로수호통상조약을 맺는 데 기여했다.

궁에 불을 지르려고 했으나 폭탄이 불발되는 바람에 부득이 민가에 불을 지르게 된 것이었다.

거사의 신호탄인 방화에 가장 먼저 희생된 사람은 폭탄 소리와 치솟는 불길을 보고 놀라서 뛰어나가던 민영익이었다. 자객의 칼을 맞은 민영익은 연회장에서 쓰러졌고, 축하연은 아수라장이 되었다. 김옥균 등은 곧바로 고종과 왕비가 있는 창덕궁으로 달려가 일본에 도움을 청하라고 협박한 뒤 경우궁으로 거처를 옮기도록 했다. 폭탄 테러로 친정 가족을 모두 잃은 왕비 민씨에게 폭탄, 비명, 죽음 등은 트라우마에 가까운 공포였다. 왕비 민씨는 일이 어떻게 진행되는지 알 수가 없었다. 그녀는 바로 얼마 전까지 김옥균이 고종의 신뢰를 회복하기 위해 전전긍긍했던 것을 알기에 그가 쿠데타를 일으킬 것이라고는 생각은 하지 못한 채 일단 그의 말을 따라 고종과 함께 경우궁으로 피신했다. 하지만 18일 새벽, 위조된 왕명을 듣고 경우궁으로 입궁한 민태호, 민영목, 조영하 등이 고종과 왕비가 보는 앞에서 처참하게 살해당하자 그때야 정신이 번쩍 들었다. 일본 군사의 무례함을 지적하며 호통을 친 내관 유재현도 그 자리에서 목숨을 잃었다. 임오군란 당시의 끔찍했던 공포가 왕비 민씨를 장악했다. 왕비 민씨의 눈에 비친 개화파는 역적이었고, 그들이 불러들인 일본 군사들은 폭도나 마찬가지였다.

　눈앞에서 벌어지는 피가 튀는 칼부림의 공포 속에서 왕비 민씨는 냉정하게 현실을 파악했다. 이미 죽을 고비를 넘겨본 왕비는 음식을 들여오는 상을 이용해 민영환과 밀서를 주고받았고, 안전이 확보된 후 경우궁이 너무 좁고 불편하다며 짜증을 부린 끝에 창덕궁으로 돌아갔다. 10월 19일, 천 오백 명에 달하는 청나라 군대가 조선군과 함께 창덕궁으로 진입하자 300여 명의 일본군은 김옥균과의 약속을 저버리고 물러났다. 김옥균은 고종에게 일본으로 망명하여 후일을 도모하자고 설득했으나 고종은 거절했다. 국왕 부부를 인질 삼아 정변을 일으킨 개화파에게 남은 것은 역모죄로 처형되는 것뿐이었다. 김옥균은 간신히 창덕궁을 탈출해 일본으로 망명했다. 그렇게 갑신정변은 삼일천하로 허무하게 끝났다

임오군란을 일으킨 군인들은 흥선대원군을 믿고 왕비를 죽이려 했고, 갑신정변을 일으킨 개화파는 일본을 믿고 왕비를 속이려 했다. 그때마다 왕비 민씨를 구해 준 것은 청나라였다. 왕비 민씨는 청나라에 더욱 의존했다.

실패한 국제관계와 동학농민혁명

갑신정변 이후 백성과 신하를 강력하게 불신하게 된 왕비 민

씨가 믿는 것은 오직 무당 진령군 뿐이었다. 그녀는 진령군이 추천하는 이들만 등용했고, 진령군의 사당 앞은 돈 보따리와 선물을 든 양반들로 북적거렸다. 대신들은 앞다투어 진령군과 의남매가 되기를 바랐고 젊은 관리들은 진령군의 양자가 되어 벼락출세하기를 꿈꿨다. 매관매직과 뇌물이 성행한 당시의 상황을 〈매천야록〉은 이렇게 기록했다.

"초시를 매매하기 시작할 때에는 이백 냥 또는 삼백 냥을 받았다. 오백 냥을 달라면 혀를 내밀었다. 갑오년1894년에 가까워져서는 천 냥으로도 거래되었다."

조선을 둘러싼 국제정세는 복잡해졌다. 청나라의 위세는 더욱 커졌고, 초조해진 일본은 본격적으로 야욕을 드러냈으며 무너져버린 왕실의 위엄을 목격한 서구 열강은 호시탐탐 기회를 노렸다. 고종22년1885년 3월, 임오군란과 갑신정변으로 이미 두 차례 조선에서 대치한 청나라와 일본은 조선을 배제한 채 조약을 체결했다. '청·일 양국 군대는 조선에서 동시 철수하고, 조선에 변란이나 중대한 사건이 발생하면 동시에 파병한다.'라는 내용의 텐진 조약이었다.

조약을 체결한 청나라와 일본은 각자 조선에서 군대를 철수했고 조선과의 관계에서 일본과 동등해진 것이 못마땅했던 청나라는 흥선대원군을 조선으로 귀국시켜 고종과 왕비를 압박했다. 귀국 이듬해 흥선대원군은 청나라의 위안스카이와 손을 잡고 16살이 된 손자 이준용을 왕위에 세우려는 쿠데타를 계획했다가 실패했다. 내우외환의 극치였다. 고종22년1885년에서 고종30년1893년 사이, 약 10년 동안 전국 곳곳에서는 무려 서른두 차례의 민란이 일어났다. 그중에서도 가장 심각한 곳은 곡창지대인 전라남도 고부정읍로, 고부군수 조병갑의 착취와 횡포를 견디다 못한 백성들은 고종31년1894년 2월 봉기했다. 농민들은 관아의 무기를 탈취하고 부패한 관리들을 붙잡은 뒤 수탈에 앞장선 아전들을 처단하고 그동안 강제로, 불법으로 징수한 세곡을 빈민과 농민군에게 나누어주었다.

 고부 민란은 곪았던 문제가 터져 나온 것이었으나 왕비 민씨의 생각은 달랐다. 봉기를 이끈 전봉준은 고부 지역의 동학 접주[11]로 동학에 막 입교했던 1890년 즈음 흥선대원군의 문객으로 운현궁에서 머문 적이 있었다. 고종30년1893년, 교조 최제우의 신원을 탄원하며 동학교도들이 경복궁 앞에서 상소를 올리고 시위했을 때 전봉준은 흥선대원군과 다시 만났다. 전봉준과 흥선대원군이 어떤 이야기

---

11) 동학의 교구 또는 포교소, 즉 접의 책임자. 포주(包主)·장주(帳主)라고도 한다.

를 나누었는지는 알 수 없으나 그 후 흥선대원군은 한양에서 역모를 일으켰고 전봉준은 고부에서 민란을 일으켰다. 고종과 왕비의 눈에 전봉준과 농민군은 흥선대원군과 결탁한 역도일 뿐이었다.

고부 봉기 이후 전라도와 충청도에서도 동학 농민군은 봉기하였고 영광, 함평, 무안, 나주 등을 점령한 농민군은 기세를 타고 조선 왕실의 본관인 전주로 진격했다. 토벌을 결정한 고종은 왕비는 임오군란 이후 가장 신임해온 무관 홍계훈을 초토사로 임명한 후 800명의 정예병을 주어 출병시켰다. 결과는 관군의 패배였다. 충격을 받은 고종과 왕비는 곧바로 청나라에 파병을 요청했으나 이는 너무도 성급

하고 잘못된 판단이었다. 두 번째 전투에서 관군이 대승을 거두었기 때문이다. 처음부터 역도가 되는 것을 원치 않았던 동민군은 폐정개혁안을 제시하고 전주성에서 물러났고 관군은 이를 받아들였다. 관군과 동학농민군의 평화협정으로 화해를 이룬 상황에서 고종과 왕비의 요청을 받은 청나라 군대가 아산만에 도착했다. 청나라가 군대를 파병하자 일본은 앞서 체결한 텐진 조약을 근거로 재빨리 한양에 군사를 파견했다.

청나라 군대가 동학 농민군을 토벌하기 수월한 아산만으로 간 것과 달리 일본 군사들은 곧바로 한양에 입성하여 경복궁을 장악, 고종과 왕비를 인질로 삼고 홍선대원군을 내세워 내정을 개편했다. 흥선대원군은 재집권을 위해 일본과 손을 잡았으나, 흥선대원군을 이용만 할 생각이었던 일본은 당연히 약속한 권력을 주지 않았다.

청일전쟁과 명성황후의 죽음

개화파 친일 인사들로 내각을 개편한 후 일본은 군사를 아산만으로 돌렸고 영국 상선을 개조한 청나라 함선을 격침했다. 조선 땅에서 청나라와 일본의 전쟁이 벌어지려는 순간 영국이 중재에 나섰다. 협상 자리에 나온 청나라의 이홍장은 조선을 반으로 나눠 북쪽은 청나라가, 남쪽은 일본이 다스리자고 제안했으나 일본은 거절했다. 승리하면 조선을 통째로 지배할 수 있었기 때문이다. 협상은 결렬되었고 곧 청일전쟁이 시작되었다.

조선에서 벌어진 청일전쟁에서 죽어간 것은 조선의 백성들이었다. 평양을 함락한 일본은 백성들을 살육했고 압록강을 넘어 청나라 본토를 공략하는 한편 황해 해전에서 청나라 함대를 격파했다. 전쟁은 일본의 일방적인 승리로 끝났다. 청일전쟁을 끝낸 일본은 관군과 손을 잡고 동학 농민군 토벌에 나섰다. 공주에 집결한 3만 명에 육박하는 동학 농민군은 우금치 전투에서 처절하게 패배했다. 충북 보은에서는 2,600명의 동학교도가 살해되었으며 전봉준은 체포되었다.

고종32년1895년, 패전국 청나라는 일본의 배상 요구를 모두 받아들였고 시모노세키에서 조약을 맺었다. 이때 일본은 조약의 제1조에서 조선이 완전한 자주독립국임을 선언했다. 조선이 독립국이어야 청나라의 눈치를 보지 않고 침략할 수 있기 때문이었다. 또 전쟁에 대한 배상으로 요동 반도와 대만을 할양받아 대륙침략의 기지로 삼고자 했으나 시모노세키조약이 체결된 지 며칠이 채 지나기도 전에 러시아와 독일, 그리고 프랑스가 나서서 요동 반도를 포기하라며 일본을 압박했다. 러시아, 독일, 프랑스 삼국을 상대로

전쟁에 이길 자신이 없던 일본은 울며 겨자 먹기로 요동 반도를 포기할 수밖에 없었다.

이때 청나라 못지않은 러시아의 힘을 확인한 고종과 왕비는 묄렌도르프를 중재자로 내세워 러시아 공사 베베르에게 협조를 구하며 수교를 준비했다. 전쟁에 승리했으나 서양 열강들의 견제로 요동 반도에 이어 조선까지 잃을 위기를 느낀 일본은 왕비 제거를 계획했다. 고종은 왕비의 뜻에 따를 뿐, 실제로 러시아와의 수교를 주도하는 사람은 왕비 민씨라는 것을 알았기 때문이다. 왕비 민씨의 국정 참여를 막기 위해 일본은 대원군을 내세워 내각을 개편할 당시 〈홍범 14조〉의

강령으로 '임금은 정전에 나와서 정무를 보되 직접 대신들과 의논하여 결정하며 비빈, 종친, 외척은 정치에 관여하지 못한다'는 조항을 넣었다. 하지만 왕비가 없어지지 않는 한 고종이 단독으로 정무에 참여하는 것은 불가능했다.

고종32년1895년, 일본 공사에 임명된 군인 미우라 고로가 '왕비 시해'라는 전대미문의 범죄를 목적으로 한양에 도착했다. 경복궁으로 향하기 전 미우라 고로는 흥선대원군을 만났다. 8월 20일 새벽, 일본군들이 총을 쏘며 홍계훈을 비롯한 수문병을 사살하고 대궐에 난입했다. 여전히 밤낮이 바뀐 생활을 하던 고종과 왕비는 아직 잠자리에 들기 전이었다. 총성과 함께 몰려오는 일본군을 본 왕비는 몸을 피했으나 이내 붙잡히고 말았다. 일본군은 고종과 세자 부부 앞에서 왕비를 난도질하여 죽였고 시신을 불에 태웠다. 동이 터올 무렵 흥선대원군과 함께 경복궁에 도착한 미우라 공사는 고종을 협박하여 왕비를 폐서인했다.

묘시卯時에 왕후가 곤녕합에서 붕서崩逝하였다. 【이보다 앞서 훈련대 병졸과 순검巡檢이 서로 충돌하여 양편에 다 사상자가 있었다. 19일 군부 대신 안경수가 훈련대를 해산하자는 의사를 밀지密旨로 일본 공사 미우라 고로에게 가서 알렸으며, 훈련대 2대대장 우범선도 같은 날 일본 공사를 가서 만나보고 알렸다. 이날 날이 샐 무렵에 전前 협판 이주회가 일본 사람 오카모토 류노스케와 함께 공덕리孔德里에 가서 대원군을 호위해 가지고 대궐로 들어오는데 훈련대 병사들이 대궐문으로 마구 달려들고 일본 병사도 따라 들어와 갑자기 변이 터졌다. 시위대 연대장 홍계훈은 광화문 밖에서 살해당하고 궁내 대신 이경직은 전각 뜰에서 해를 당했다. 난동은 점점 더 심상치 않게 되어 드디어 왕후가 거처하던 곳을 잃게 되

었는데, 이날 이때 피살된 사실을 후에야 비로소 알았기 때문에 즉시 반포하지 못하였다.]

고종실록33권
고종 32년 8월 20일

22일, 충격과 공포 속에서 왕비를 폐서 인했던 고종은 이튿날 왕세자순종가 세자 자리에서 물러나겠다는 상소를 올리며 항의하자 후궁의 직첩 중에서 가장 지위가 높은 정1품 '빈'의 칭호를 주었고 다시 왕후로 복위했다. 고종34년1897년 1월, 경복궁에서 도망쳐 러시아 공사관에 머물던 고종은 왕비의 시호를 '문성'으로 정하고, 3월에 다시 '명성'으로 수정했다. 같은

해 고종은 대한제국을 선언하고 황제로 즉위했고 '명성왕후'는 '명성황후'로 추존되었다. 그리고 세상을 떠난 지 3년 만에 드디어 왕비의 예로 장례가 치러졌다.

망국의 희망이 되다

"부디 종사를 생각하셔야 합니다. 무슨 일이 있어도 살아남으셔야 합니다."

일본군의 총칼에 살해되기 직전, 명성황후는 고종에게 이렇게 말했다. 그녀의 마지막 말은 마치 망국의 세월을 살아가게 될 조선의 백성들에게 전하는 말처럼 들린다. 살아서 백성들에게 사랑받지 못했던 왕비는 죽음으로 항일의 상징이 되었다. 왕비 시해 소식을 들은 백성들은 분노했고 격렬한 반일 감정이 순식간에 전국을 강타했으며 곳곳에서 의병이 일어났다. 명성황후의 죽음을 통해 백성들은 자각했고 조선은 스스로 자주 국가로 나아갈 동력을 얻었다.

명성황후의 삶은 모순으로 가득했다. 명성황후가 고종에게 사랑받지 못하고 왕비로서의 존재감이 없던 10년이 대원군에게는 황금기였다. 고종의 사랑을 받으며 정치 감각을 빛냈던 10년 동안 폭도로 변한 군인들과 테러를 저지른 개화파에 의해 죽을 고비를 겪었다. 그 후 고종

21년1884년 갑신정변부터 고종 31년1894년 을미사변까지 명성황후는 백성을 외면하고 신하들을 외면한 채 사치스럽게 살았다. 명성황후의 일생은 화려한 듯 불행했고, 안락한 듯 고통스러웠다. 끝내 왕비로서의 존엄을 지키지 못한 채 비참한 죽음을 맞았으나 황후로서 숭고함을 얻었다. 조선의 마지막도 비슷했다. 고요한 아침의 나라에서 역동적인 개화기를 지나 국권을 빼앗기는 치욕을 겪었으나 결국 자주 국가로서 우뚝 섰다. 자랑하고픈 고귀함과 감추고 싶은 민낯을 공존하는 명성황후는 조선과 닮은 왕비이다.

명성황후와 역사적 사건

철종 2년 (1851년)	민황후 탄생	
철종 3년 (1852년)	고종 탄생	메이지 천황 탄생
고종즉위년 (1863년)	철종 승하, 고종 즉위	
고종1년 (1864년)	흥선대원군 섭정, 서원철폐	
고종2년 (1865년)	경복궁 중건	
고종3년 (1866년)	대비 신정왕후 수렴청정 거둠 고종과 민황후 가례(혼인), 민승호 이조참의, 민겸호 알성시 장원	병인양요, 병인박해
고종4년 (1867년)	민승호 호조참판, 민겸호 홍문관 부수찬	메이지 천황 즉위
고종5년 (1868년)	고종 첫아들 탄생 (母 영보당 이씨)	메이지 유신 오페르트 도굴사건
고종7년 (1870년)	첫임신, 유산	
고종8년 (1871년)	첫아들 출산, 요절	

고종10년 (1873년)	첫딸 출산, 요절. 대원군 실각	
고종11년 (1874년)	원자 출산, 민승호 일가 폭탄 테러 사망	
고종12년 (1875년)	세자 책봉, 민영익 민승호 양자 입적, 운요호 사건	
고종13년 (1876년)	강화도 조약 체결	1차 수신사 파견
고종14년 (1877년)	민영익 급제, 이재선(대원군 서장자, 고종 이복형) 역모, 처형	
고종15년 (1878년)	좌의정 민규호(민영익 숙부) 사망	
고종17년 (1880년)	통리기무아문 설치, 별기군 창설	2차 수신사 파견
고종18년 (1881년)	조사시찰단(신사유람단) 파견	
고종19년 (1882년)	세자빈 간택 및 책봉(민태호의 딸, 민영익 여동생), 임오군란, 대원군 재집권, 왕비 사망 선언 대원군 천진 억류, 제물포조약 체결, 왕비 환궁	3차 수신사 파견 김옥균 차관 도입 실패

고종21년 (1884년)	갑신정변, 한성조약	
고종22년 (1885년)	청나라와 일본, 천진조약 체결	
고종23년 (1886년)	대원군 귀환	
고종31년 (1894년)	동학농민혁명, 대원군 재집권, 청일전쟁	
고종32년 (1895년)	시모노세키조약, 을미사변, 민황후 사망	

3분 만에 읽는 조선왕조실록
역사는 흥미롭지만 어렵고 두꺼운 책은 싫은 당신에게 〈3분 실록〉을 추천합니다. 실록에 기록된 내용을 바탕으로 유명한 인물부터 잘 알려지지 않은 인물까지 100% 정사로 풀어냈습니다.

국정을 농단한 왕비

초판 1쇄 발행 2025년 4월 17일	지은이	조민기
	펴낸이	김태영

씽크스마트	전화	02-323-5609
경기도 고양시 덕양구 청초로 66	홈페이지	www.tsbook.co.kr
덕은리버워크 지식산업센터 B동 1403호	블로그	blog.naver.com/ts0651
	페이스북	@official_thinksmart
	인스타그램	@thinksmart.official
	이메일	thinksmart@kakao.com

씽크스마트 더 큰 세상으로 통하는 길 '더 큰 생각으로 통하는 길' 위에서 삶의 지혜를 모아 '인문교양, 자기계발, 자녀교육, 어린이 교양·학습, 정치사회, 취미생활' 등 다양한 분야의 도서를 출간합니다. 바람직한 교육관을 세우고 나다움의 힘을 기르며, 세상에서 소외된 부분을 바라봅니다. 첫 원고부터 책의 완성까지 늘 시대를 읽는 기획으로 책을 만들어, 넓고 깊은 생각으로 세상을 살아갈 수 있는 힘을 드리고자 합니다.

도서출판 큐 더 쓸모 있는 책을 만나다 도서출판 큐는 울퉁불퉁한 현실에서 만나는 다양한 질문과 고민에 답하고자 만든 실용교양 임프린트입니다. 새로운 작가와 독자를 개척하며, 변화하는 세상 속에서 책의 쓸모를 키워갑니다. 흥겹게 춤추듯 시대의 변화에 맞추는더 '쓸모 있는 책'을 만들겠습니다.

ISBN 978-89-6529-438-2 (04910) ⓒ 2025 조민기

이 책에 수록된 내용, 디자인, 이미지, 편집 구성의 저작권은 해당 저자와 출판사에게 있습니다. 전체 또는 일부분이라도 사용할 때는 저자와 발행처 양쪽의 서면으로 된 동의서가 필요합니다.